城市轨道交通职业教育系列教材 —— 城市轨道交通运营管理
CHENGSHI GUIDAO JIAOTONG ZHIYE JIAOYU XILIE JIAOCAI
CHENGSHI GUIDAO JIAOTONG YUNYING GUANLI

城市轨道交通
乘客服务工作页

郭燕芬 ◎ 主编

西南交通大学出版社
·成 都·

图书在版编目（CIP）数据

城市轨道交通乘客服务工作页 / 郭燕芬主编. —成都：西南交通大学出版社，2017.6（2019.5 重印）

城市轨道交通职业教育系列教材. 城市轨道交通运营管理

ISBN 978-7-5643-5510-4

Ⅰ. ①城… Ⅱ. ①郭… Ⅲ. ①城市铁路－旅客运输－职业教育－教材 Ⅳ. ①U293.22

中国版本图书馆 CIP 数据核字（2017）第 143248 号

城市轨道交通职业教育系列教材——城市轨道交通运营管理

城市轨道交通乘客服务工作页

郭燕芬 主编

责任编辑	周 杨
封面设计	何东琳设计工作室
出版发行	西南交通大学出版社 （四川省成都市金牛区二环路北一段 111 号 西南交通大学创新大厦 21 楼）
邮政编码	610031
发行部电话	028-87600564
官网	http://www.xnjdcbs.com
印刷	成都中永印务有限责任公司
成品尺寸	185 mm × 260 mm
印张	6.5
字数	168 千
版次	2017 年 6 月第 1 版
印次	2019 年 5 月第 2 次
定价	20.00 元
书号	ISBN 978-7-5643-5510-4

课件咨询电话：028-87600533

出版说明

城市轨道交通凭借快捷、准时、舒适、运量大、能耗低、污染小、占地少等优点，日益成为城市现代化建设进程中重要的公益性基础设施项目。城市轨道交通涉及面广、综合性很强，其发展状况已被当成一个城市综合实力和现代化程度的重要评判指标。由此，城市轨道交通建设正在我国兴起一个新的浪潮，社会对城市轨道交通专业人才的需求巨大，给城市轨道交通类专业的职业教育发展带来了良好契机。

西南交通大学出版社与国内诸多交通院校一直保持友好往来，并整合他们在轨道交通领域的尖端科技优势和人才集成优势，致力于为国家轨道交通教育事业做出贡献，形成了以“轨道交通”为核心的出版特色，在教育界、学界都拥有良好的口碑和较高的品牌知名度。

本套丛书从满足快速增长的城市轨道交通专业实用型人才培养需求出发，从校企结合教学直接面向岗位需求这一特点出发，精心组织国内相关专业优秀教育工作者或优秀教育工作高校，分“运营管理”“工程技术”“车辆”“控制”“供电技术”五大类，系统地为读者呈现城市轨道交通教育课程全景。在编写时，力求体现如下特点：

◎ **适用性**

理论知识够用即可，在讲述专业知识的基础上，突出实际操作技能的训练，注重岗位关键能力的培养。

◎ **专业性**

图书的顶层设计从国家高职高专专业目录规范出发，内容编排紧密结合岗位应用实际，体现专业性和主流设备前沿特征，体现教学实际需求。同时，在编写或修改时，尽可能地让一线用人单位参与进来，根据生产现场实际提出建议。

◎ **生动性**

在架构设计和版式设计上，力求简洁生动，图文并茂；努力体现二维码技术等移动互联网时代元素在图书中的应用，尽可能把生产实际和研究成果，用立体生动的形式予以表达，便于读者理解掌握。

这套书可作为高等职业院校、中等职业学校城市轨道交通相关专业的教学用书，也可作为城市轨道交通企业新职工的培训教材。有关教材的课件资料等，可以联系我社使用。

联系电话：028-87600533

邮箱：swjtucbsfx@163.com

西南交通大学出版社

前 言

为了适应城市轨道交通快速发展的需要，培养一支具有城市轨道交通行业特有的职业道德、岗位知识与技能的乘客服务工作人员，满足城市轨道交通运营企业用人之需，以及乘客日益增长的出行需要，我校特开设了“城市轨道交通乘客服务”课程。

2012 年，我校正式启动“国家中等职业教育改革发展示范学校计划项目”建设，城市轨道交通运输与管理专业作为项目重点支持建设的四个专业之一，进一步探索“旺入淡出、工学交替”的人才培养模式，改革课程体系。2013 年，学校启动一体化课程改革重点工程，城市轨道交通运输与管理专业作为四个试点专业之一，在进行专业人才需求调研、召开实践专家研讨会等基础上，重构基于工作过程系统化的工学结合一体化课程体系。

本工作页就是在工学结合一体化课程开发的背景下，专门为“城市轨道交通乘客服务”课程编写的教材，作为课程标准、教案配套资料和学生学习的辅助材料。全书包括六个学习情境和十六个学习任务。

六个学习情境分别是：课程导学，乘客服务工作的基本要求，乘客日常服务，乘客安全与应急服务，乘客投诉处理，学习汇报。

十七个学习任务分别是：课程导学，乘客服务工作的基本要求，安全检查服务，进出站服务，候车服务，问询引导服务，广播服务，特殊乘客服务，协助寻人寻物服务，乘客受伤处理，乘客纠纷盗抢事件处理，紧急情况下的乘客服务，因乘客自身原因引发的投诉处理，因运营企业原因引发的投诉处理，乘客服务人员的心理修养，课程学习报告。

本工作页由郭燕芬老师编写，并负责全书结构设计和内容编排。由于编写人员专业知识和实践经验所限，书中难免有不妥之处，敬请读者批评指正，以便日后修订和完善。

编 者

2016 年 12 月

目 录

学习领域	学习任务	姓名：	班级：
乘客服务	课程导学	学号：	组号：

【学习目标】

1. 了解乘客服务工作的内涵、特征。
2. 明确乘客服务工作人员的素质要求。

【学习内容】

1. 服务的含义、特征。
2. 轨道交通乘客服务的特征。
3. 轨道交通乘客服务的内容。

一、学习问题

请同学们思考：技工学校与中学有哪些不同？

二、学习准备

请同学们学习校本教材“1 乘客服务概述”，独立完成以下问题：

1. 服务是什么？

2. 地铁为人民群众提供哪些服务？

3. 地铁乘客服务人员应具备什么素质才能为乘客提供优质服务？

三、学习任务

请每位同学围绕学习准备的三个问题来写一份发言稿并练习，准备上讲台演讲。

四、任务实施

请每位同学根据自己所写的稿件上讲台演讲。

【任务评价】

根据学习评价表评分标准，小组进行自评、互评，教师对每组进行评分。

学习评价表

评价项目	评价标准	评价等级与分值	权重	成绩
报告撰写	1. 字迹清楚 2. 表达完整 3. 逻辑性强	1. 尚未做到（15分） 2. 基本做到（20分） 3. 做得很好（25分）	15%	
语言表达	1. 清晰、准确、流畅 2. 脱稿	1. 尚未做到（15分） 2. 基本做到（20分） 3. 做得很好（25分）	15%	
服务形象展示	1. 仪容仪表（发型、着装等） 2. 仪态（站姿、表情等）	1. 尚未做到（25分） 2. 基本做到（30分） 3. 做得很好（35分）	25%	
报告过程展示	1. 报告内容展示专业知识和技能（服务意识、服务形体、服务语言、服务技巧、服务流程） 2. 展示过程大方自然，过程流畅 3. 按时完成	1. 尚未做到（5分） 2. 基本做到（10分） 3. 做得很好（15分）	45%	
总　分				

【学习总结】

请画出“乘客服务课程”的思维导图。

学习领域	学习任务	姓名：	班级：
乘客服务	乘客服务工作的基本要求	学号：	组号：

【学习目标】

能够按照车站服务意识要求、仪容仪表要求、服务用语要求、服务形体要求、行为规范要求进行优质 服务。

【学习内容】

1. 乘客服务工作人员素质要求。
2. 地铁车站服务意识要求。
3. 地铁车站仪容仪表要求。
4. 地铁车站服务用语要求。
5. 地铁车站服务形体要求。
6. 地铁车站行为规范要求。

一、学习问题

地铁是安全、快捷、舒适的现代交通工具，为市民出行的首选，你心目中合格的地铁工作人员形象是什么?

二、学习准备

请同学们学习校本教材“4.1 乘客服务工作基本要求”，独立完成以下问题：

1. 地铁车站服务意识的要求是什么？如何才能体现地铁工作人员的热情服务？

2. 地铁车站对仪容仪表的要求是什么?

3. 请写出地铁车站服务用语要求。

4. 请写出地铁车站服务形体要求并展示。

5. 请描述地铁车站行为规范要求。

三、明确任务，制订实施计划

请扫码并根据提供的视频进行情景分析，然后回答以下问题：

1. 视频中地铁工作人员的着装是否得体？如不得体，该如何着装？

2. 视频中地铁工作人员在工作期间的行为是否得当，为什么？

3. 请思考视频中地铁工作人员为乘客服务的过程是否正确，为什么？

4. 请扮演乘客的同学说出自己的感受。

5. 小组讨论后合作展示规范的服务过程。

6. 请阐述地铁工作人员在工作期间的行为规范。

7. 请阐述地铁工作人员在工作期间的服务意识和形体标准。

四、任务实施

1. 请同学展示地铁工作人员正确的着装和仪容仪表。

2. 请同学以小组为单位展示有乘客问询时地铁工作人员的正确行为。

3. 请同学以小组为单位展示如遇不懂问题时的正确做法。

五、考核与评价

根据学习评价表评分标准，小组进行自评、互评，教师对每组进行评分。

学习评价表

评价项目	评价标准	评价等级与分值	成绩
工作页填写（25分）	1. 字迹清楚 2. 专业知识运用正确 3. 表达完整	1. 做得很好（23~25分） 2. 基本做到（13~22分） 3. 尚未做到（12分及以下）	
情景模拟设计（剧本）（25分）	1. 情景设计合理 2. 剧情、人物等介绍清楚 3. 对白符合岗位服务语言	1. 做得很好（23~25分） 2. 基本做到（13~22分） 3. 尚未做到（12分及以下）	
角色表演过程（35分）	1. 生动再现实际服务情景 2. 正确运用专业知识和技能： ① 仪容仪表 ② 服务用语 ③ 服务形体（站姿、坐姿、手势、目光、微笑、点头） 3. 服务流程规范	1. 做得很好（32~35分） 2. 基本做到（21~31分） 3. 尚未做到（20分及以下）	
课堂纪律与团队合作（15分）	1. 小组成员团结协作，能全部参与活动 2. 不大声喧哗，不做与学习无关的事情	1. 做得很好（13~15分） 2. 基本做到（10~12分） 3. 尚未做到（9分及以下）	
总分			

【仪态礼仪实训】

一、站姿规范动作讲解

1. 头正。

2.（颈直）下颌微收，双目平视前方，面带微笑。

3.（肩平）肩平，放松，自然呼吸。

4.（胸挺）挺胸。（腹收）腹部后收。

5.（腰立）脊椎、后背挺直。

6.（臀收）臀大肌微收缩并向上提。

7.（腿直）两腿并拢，直立，髋部上提。

8.（腿靠）脚尖向前或呈 V 字形。

9.（手垂）两手臂自然下垂于体侧，手指自然弯曲。

二、学习基本站姿

1. 手　位

① 标准式：两手臂自然下垂，置放于身体两侧。

② 握手式：右手搭在左手上，叠放于腹前。

③ 背手式：双手搭在一起，背于身后，贴在臀部。

④ 单背式：一手置于体侧，一手背于身后；或一手放于体前，一手背于身后。

2. 脚　位

① 并列形。

②“Ⅱ”形，两脚间距离同于或小于肩宽。一般为男士采用。

③“V”形。

④ 小“丁”字形。一般为女士采用。

三、讲解规范坐姿

① 躯干竖直；

② 双肩自然下垂；

③ 下颌内收；

④ 双眼平视，目光柔和；

⑤ 表情自然亲切，嘴微闭。

四、学习基本站姿

① 正襟危坐式；

② 垂腿开膝式；

③ 双脚交叉式；

④ 双腿叠放式；

⑤ 双腿斜放式。

五、讲解规范走姿——平稳、从容、直线

① 上身挺直，收腹立腰，重心稍前倾；
② 两肩平稳，双臂前后自然摆动；
③ 双目平视，收颌，表情自然平和。

六、学习基本走姿

① 前行行姿；
② 后退时行姿；
③ 引导时行姿。

七、讲解规范蹲姿

① 左脚在前，右脚在后，向下蹲去；
② 左小腿垂直于地面，全脚掌着地，大腿靠紧；
③ 右脚跟提起，前脚掌着地；
④ 左膝高于右膝，臀部向下，上身稍向前倾，左脚为支撑身体的主要支点。

八、学习基本蹲姿

① 交叉式；
② 半蹲式。

九、规范指引、引导、请坐、鼓掌的标准

1. 指示手势的标准

手臂向外侧横向摆动，指尖指向指示方向，微笑友好地目视来宾，直到客人走过，再放下手臂。

2. 指示手势的标准

引导宾客时，应走在客人左前方 1～2步，手指自然并拢，在同一平面上，与地面成45度，指示前方，眼睛兼顾方向和来宾。

3. 请坐手势的标准

用一只手摆动到腰位线上，使手和手臂向下形成一条斜线，表示请入座。

4. 鼓掌的标准

最标准的动作是面带微笑，抬起两臂，抬起左手手掌至胸前，掌心向上，以右手除拇指外的其他四指轻拍左手中部。此时，节奏要平稳，频率要一致。走 2～3 步后可把手放下。

十、学习常用的礼仪手势

① 指引手势；
② 引导手势；
③ 请坐手势；
④ 鼓掌手势。

十一、微笑的标准和技巧

一是口眼结合；二是笑与神、情、气质相结合；三是笑与语言相结合；四是笑与仪表、举止相结合。标准的微笑以露 6～8 颗牙齿为宜。

仪态实训考核评分表

考核项目	考核内容		分值	自评分	小组评分	实得分
站 姿	身体各部位的正确姿态	头、颈	3			
		两肩、胸	3			
		腰部	3			
		手位	3			
		两脚	3			
	不同站姿的展示	肃立	5			
		直立	5			
	顶书训练效果		10			
坐 姿	坐姿基本动作要领的展示		10			
	脚的摆放方式		10			
	入座后姿态的整体保持效果		5			
	入座前后的其他要求		5			
	身体姿态		10			
步态	跨步的均匀度		5			
	手位摆动的情况		5			
	根据音乐情境变换步伐		5			
蹲姿	上身姿态		5			
	起身动作与表情		5			

五、总结与拓展

学生谈谈本课程学习收获并写下来。

学习领域 乘客服务	学习情境 乘客日常服务 学习任务 安全检查服务	姓名：	班级：
		学号：	组号：

【学习目标】

1. 学会识别城市轨道交通违禁品；
2. 按照规范的服务流程完成安全检查工作；
3. 熟悉安检服务常见问题处理。

【学习内容】

1. 识别城市轨道交通违禁品；
2. 熟知安全检查岗规范流程；
3. 熟知安检服务常见问题处理。

一、学习准备

请同学们学习校本教材“4.2　站厅服务工作内容，4.3　站台服务工作内容”，独立完成以下问题：

1. 哪些物品属于地铁运行的违禁物品，如何识别？

2. 乘客安全检查服务需要哪些工具，在什么情况下使用？

二、明确任务，制订实施计划

情景

某天，站务员小王在站厅安全检查岗当班，乘客人来人往，大部分乘客都能配合安全检查工作，客流畅通。但有个别乘客携带超长、超重物品进站乘车，也有乘客包内携带违禁品，小王都能快速及时给予劝阻，保证车站的安全。

任务一：

1. 请以小组为单位，根据情景自行设计剧本，模拟车站安全检查服务过程。剧本包括：

（1）人物介绍。

（2）情景介绍。

（3）规范的安全检查服务流程（对话、动作、场景等说明）。

（剧本另附 A4 纸）。

2. 剧本排练：

请写出乘客安全检查的规范流程。

任务二：

请以小组为单位，根据情景自行设计剧本，模拟发现乘客携带超长、超重物品进站时，或乘客包内有违禁品时，或车站出现客流高峰时的安全检查服务过程。

1. 请以小组为单位根据情景设计剧本，剧本包括：

（1）人物介绍。

（2）情景介绍。

（3）规范的安全检查服务流程（对话、动作、场景等说明）。

（剧本另附 A4 纸）

2. 进行剧本排练。

三、任务实施

1. 学生按小组角色扮演展示成果，并上交纸质剧本；

2. 每组回答老师和同学的提问；

3. 小组互评：其他组同学指出展示组错误之处及可改善内容，或者指出其可圈可点之处；

4. 教师点评，学生做记录。

四、考核与评价

1. 学习评价表

评价项目	评价标准	评价等级与分值	成绩
工作页填写（25分）	1. 字迹清楚 2. 专业知识运用正确 3. 表达完整	1. 做得很好（23～25分） 2. 基本做到（13～22分） 3. 尚未做到（12分及以下）	
情景模拟设计（剧本）（25分）	1. 情景设计合理 2. 剧情、人物等介绍清楚 3. 对白符合岗位服务语言	1. 做得很好（23～25分） 2. 基本做到（13～22分） 3. 尚未做到（12分及以下）	
角色表演过程（35分）	1. 生动再现实际服务情景 2. 正确运用专业知识和技能： 1）仪容仪表 2）服务用语 3）服务形体（站姿、坐姿、手势、目光、微笑、点头） 3. 服务流程规范	1. 做得很好（32～35分） 2. 基本做到（21～31分） 3. 尚未做到（20分及以下）	
课堂纪律与团队合作（15分）	1. 小组成员团结协作，能全部参与活动 2. 不大声喧哗，不做与学习无关的事情	1. 做得很好（13～15分） 2. 基本做到（10～12分） 3. 尚未做到（9分及以下）	
总分			

2. 根据学习评价表评价标准，各小组代表对本组情景模拟的展示过程进行自我评价。取得成绩：

不足之处：

3. 请各小组根据学习评价表的评价标准进行小组互评。

取得成绩：

不足之处：

4. 请记录老师对各组的评价，并对照自己的表现提高自己。

五、总结与拓展

（一）请同学们完成以下情况的乘客安全检查服务的对话，并模拟。

1. 发现乘客携带超长、超重物品时。

2. 发现乘客包内有违禁品时。

3. 出现客流高峰时。

（二）同学们谈谈如何才能做好乘客安全检查服务工作。

学习领域 乘客服务	学习情境 乘客日常服务 学习任务 进出站服务	姓名：	班级：
		学号：	组号：

【学习目标】

站务人员在岗期间统一着装，整洁干练，用标准的服务用语、规范的形体姿势主动热情为乘客进出站提供服务。

【学习内容】

站厅进出站服务岗位的言谈举止、服务规范、服务技巧的学习。

一、学习准备

请同学们学习校本教材“4.2　站厅服务工作内容，4.3　站台服务工作内容”，独立完成以下问题：

1. 请思考进出站的乘客需要哪些服务？

2. 如何才能称职地为进出站的乘客提供服务？

二、明确任务，制订实施计划

情景：

某天，站务员小王在站厅当班，乘客人来人往，有的初次使用车票刷了卡进不了闸机，有的携带大件行李进站，有的无法刷卡进站，有的乘客出站卡票，小王都熟练地及时给予帮助；当发现成人、身高超过1.2 m的小孩逃票或违规使用车票进站时，小王也能正确纠正。

任务：

1. 请以小组为单位根据情景自行设计剧本，剧本包括：

（1）人物介绍。

（2）情景介绍。

（3）进出站服务过程（对话、动作、场景等说明）。

（剧本另附A4纸）

2. 剧本排练。

3. 请写出乘客进出站的服务技巧。

三、任务实施

1. 学生按小组角色扮演展示成果，并上交纸质剧本；
2. 每组回答老师和同学的提问；
3. 小组互评：其他组同学指出展示组错误之处及可改善内容，或者指出其可圈可点之处；
4. 教师点评，同学们做好记录。

四、考核与评价

1. 学习评价表

评价项目	评价标准	评价等级与分值	成绩
工作页填写（25分）	1. 字迹清楚 2. 专业知识运用正确 3. 表达完整	1. 做得很好（23～25分） 2. 基本做到（13～22分） 3. 尚未做到（12分及以下）	
情景模拟设计（剧本）（25分）	1. 情景设计合理 2. 剧情、人物等介绍清楚 3. 对白符合岗位服务语言	1. 做得很好（23～25分） 2. 基本做到（13～22分） 3. 尚未做到（12分及以下）	
角色表演过程（35分）	1. 生动再现实际服务情景 2. 正确运用专业知识和技能： 1）仪容仪表 2）服务用语 3）服务形体（站姿、坐姿、手势、目光、微笑、点头） 3. 服务流程规范	1. 做得很好（32～35分） 2. 基本做到（21～31分） 3. 尚未做到（20分及以下）	
课堂纪律与团队合作（15分）	1. 小组成员团结协作，能全部参与活动 2. 不大声喧哗，不做与学习无关的事情	1. 做得很好（13～15分） 2. 基本做到（10～12分） 3. 尚未做到（9分及以下）	
总分			

2. 根据学习评价表评价标准，各小组代表对本组情景模拟的展示过程进行自我评价。取得成绩：

不足之处：

3. 请各小组根据学习评价表的评价标准进行小组互评。

取得成绩：

不足之处：

4. 请记录老师对各组的评价，并对照自己的表现提高自己。

五、总结与拓展

（一）请同学们完成以下情况的乘客进出站服务的对话并进行模拟。

1. 当乘客初次使用车票时。

2. 当乘客携带大件行李时。

3. 当发现成人、身高超过1.2 m的小孩逃票或违规使用车票进站时。

4. 当乘客无法刷卡进站时。

5. 当乘客出站卡票时。

（二）请同学们描述如何做好乘客进出站服务工作。

学习领域	学习情境	姓名：	班级：
乘客服务	乘客日常服务 学习任务 候车服务	学号：	组号：

【学习目标】

站务人员在岗期间统一着装，整洁干练，用标准的服务用语、规范的形体姿势主动热情为乘客候车提供服务。

【学习内容】

站台服务岗位的言谈举止、服务规范、服务技巧的学习。

一、学习准备

请同学们学习校本教材“4.2　站厅服务工作内容，4.3　站台服务工作内容”，独立完成以下问题：

1. 请思考乘客站台候车时需要哪些服务？

2. 乘客的哪些行为需要站务员加以关注？

3. 乘客有哪些行为需要站务员及时制止？

二、明确任务，制订实施计划

情景：

某天，站务员小李在站台当班，乘客人来人往，小李发现有乘客站在黄色安全线以外候车，有的蹲着候车，有乘客身体不适，有乘客在站台上吸烟，有乘客企图冲上正在关门动作中的列车，有乘客在站台上逗留，甚至有乘客手机物品掉下轨道，也遇到坐轮椅的乘客上下车，情况很多，但小李都能冷静而熟练地应对。

任务：

1. 请以小组为单位根据情景设计剧本，剧本包括：

（1）人物介绍。

（2）情景介绍。

（3）乘客候车服务过程（对话、动作、场景等说明）

（剧本另附 A4 纸）

2. 进行剧本排练。

三、任务实施

1. 按顺序小组合作展示成果，以角色扮演的方式情景模拟乘客候车服务。

2. 展示结束后上交纸质剧本。

3. 各位同学在观摩其他小组展示的过程中，请及时记录其可圈可点之处及有待改进的地方，以备评价之用。

四、考核与评价

1. 学习评价表

评价项目	评价标准	评价等级与分值	成绩
工作页填写（25分）	1. 字迹清楚 2. 专业知识运用正确 3. 表达完整	1. 做得很好（23～25分） 2. 基本做到（13～22分） 3. 尚未做到（12分及以下）	
情景模拟设计（剧本）（25分）	1. 情景设计合理 2. 剧情、人物等介绍清楚 3. 对白符合岗位服务语言	1. 做得很好（23～25分） 2. 基本做到（13～22分） 3. 尚未做到（12分及以下）	
角色表演过程（35分）	1. 生动再现实际服务情景 2. 正确运用专业知识和技能： 1）仪容仪表 2）服务用语 3）服务形体（站姿、坐姿、手势、目光、微笑、点头） 3. 服务流程规范	1. 做得很好（32～35分） 2. 基本做到（21～31分） 3. 尚未做到（20分及以下）	
课堂纪律与团队合作（15分）	1. 小组成员团结协作，能全部参与活动 2. 不大声喧哗，不做与学习无关的事情	1. 做得很好（13～15分） 2. 基本做到（10～12分） 3. 尚未做到（9分及以下）	
总分			

2. 根据学习评价表评价标准，各小组代表对本组情景模拟的展示过程进行自我评价。取得成绩：

不足之处：

3. 请各小组根据学习评价表的评价标准进行小组互评。

取得成绩：

不足之处：

4. 请记录老师对各组的评价，并对照自己的表现提高自己。

五、总结与拓展

（一）请同学们完成以下情况的乘客候车服务的对话，并模拟。

1. 发现乘客站在黄色安全线以外候车时。

2. 发现乘客采用蹲姿候车时。

3. 遇见身体不适的乘客时。

4. 发现乘客在站台上吸烟时。

5. 乘客企图冲上正在关门动作中的列车时。

6. 发现有乘客在站台上逗留时。

7. 乘客有物品掉下轨道时。

8. 遇到坐轮椅的乘客上下车时。

（二）请同学们写出如何做好候车服务工作。

学习领域	学习情境 乘客日常服务	姓名：	班级：
乘客服务	学习任务 问询引导服务	学号：	组号：

城市轨道交通乘客服务工作有乘客日常服务、乘客安全与应急服务和乘客投诉处理。乘客日常服务工作包括安全检查服务、进出站服务、问询引导服务、候车服务、广播服务、特殊乘客服务（老、弱、 病、残、孕或外国友人的服务工作），以及协助车站寻人寻物等服务。

【任务描述】

在城市轨道交通客运服务实训室内，根据任务内容，小组合作完成乘客问询解答与人工引导服务工作，要求各岗位模拟角色到位，生动再现实际服务情景，正确运用专业知识和技能进行乘客问询引导服务，服务流程规范。

【学习目标】

通过本任务的学习，同学们能够用标准的服务用语，规范的形体姿势，主动热情为进出站乘客提供问询引导服务。

一、学习准备

请同学们学习校本教材“4.2　站厅服务工作内容，4.3　站台服务工作内容”，或通过网络搜集资料，独立完成以下问题：

1. 站台的乘客会问询哪些问题？

2. 站厅的乘客会问询哪些问题？

3. 如果无法回答乘客的问题，怎么办？

二、明确任务，制订实施计划

请同学们学习校本教材“4.2　站厅服务工作内容，4.3　站台服务工作内容”，或通过网 络搜集资料，小组合作完成以下学习任务。

情 景：

某天，站务员小明在体育西路站当班，在站台时有乘客焦急地问：“请问到火车东站坐哪个方向的车?”在站厅时有乘客询问：“请问到天河城从哪个出口出站?”有年长者带小孩来到站厅，东张西望，问去陈家祠怎么走，也有外国友人就不明之处询问，小明都一一解答。遇到一个自己不能解答的问题，小明也尽力做好服务，帮助乘客解决困难。

任 务：

1. 请以小组为单位根据情景设计剧本，剧本包括：

（1）人物介绍。

（2）情景介绍。

（3）乘客问询引导服务过程（对话、动作、场景等说明）。

（剧本另附 A4 纸）

2. 进行剧本排练。

三、任务实施

1. 按顺序小组合作展示成果，以角色扮演的方式情景模拟乘客问询引导服务。

2. 展示结束后上交纸质剧本。

3. 各位同学在观摩其他小组展示的过程中，请及时记录其可圈可点之处及有待改进的地方，以备评价之用。

四、考核与评价

1. 学习评价表

评价项目	评价标准	评价等级与分值
工作页填写 （25分）	1. 字迹清楚 2. 专业知识运用正确 3. 表达完整	1. 做得很好（23～25分） 2. 基本做到（13～22分） 3. 尚未做到（12分及以下）
情景模拟设计 （剧本） （25分）	1. 情景设计合理 2. 剧情、人物等介绍清楚 3. 对白符合岗位服务语言	1. 做得很好（23～25分） 2. 基本做到（13～22分） 3. 尚未做到（12分及以下）
角色表演过程 （35分）	1. 生动再现实际服务情景 2. 正确运用专业知识和技能： 1）仪容仪表 2）服务用语 3）服务形体（站姿、坐姿、手势、目光、微笑、点头） 3. 服务流程规范	1. 做得很好（32～35分） 2. 基本做到（21～31分） 3. 尚未做到（20分及以下）
课堂纪律与 团队合作 （15分）	1. 小组成员团结协作，能全部参与活动 2. 不大声喧哗，不做与学习无关的事情	1. 做得很好（13～15分） 2. 基本做到（10～12分） 3. 尚未做到（9分及以下）

评价项目	各小组得分								
	1组	2组	3组	4组	5组	6组	7组	8组	9组
工作页填写									
情景模拟设计									
角色表演过程									
纪律与合作									
总分									

评分小组：　　　　　　填表人：　　　　　　　评分日期：　　年　　月　　日

2. 根据学习评价表评价标准，各小组代表对本组情景模拟的展示过程进行自我评价。

取得成绩：

不足之处：

3. 请各小组根据学习评价表的评价标准进行小组互评。

取得成绩：

不足之处：

4. 请记录老师对各组的评价，并对照自己的表现提高自己。

五、总结与拓展

1. 请同学们归纳如何才能做好乘客问询引导服务工作。

2. 地铁车站，每天乘客成千上万，工作繁重。请思考，除了人工问询引导以外，还有什么现代手段可以减少人工问询引导工作，又能提升服务质量？

六、现场管理

1. 根据 6S 现场管理标准，归整工具，关闭设备，填写相关记录。
2. 值日小组清扫实训室。
3. 离开实训室前检查电源总闸是否关闭、门窗是否锁闭。

<table>
<tr><td rowspan="2">学习领域

乘客服务</td><td rowspan="2">学习情境
乘客日常服务
学习任务
广播服务</td><td>姓名：</td><td>班级：</td></tr>
<tr><td>学号：</td><td>组号：</td></tr>
</table>

【学习目标】

1. 掌握车站广播服务的流程和细节。
2. 学会进行站台客流组织时的广播服务。
3. 学习地铁寻人时的广播服务。

【学习内容】

1. 车站广播服务的流程和细节。
2. 利用车站广播进行站台客流组织。
3. 利用广播进行地铁寻人。

一、学习准备

请同学们学习校本教材“4.2　站厅服务工作内容，4.3　站台服务工作内容”，独立完成以下问题：

在什么情况下需要使用广播服务？

二、明确任务，制订实施计划

请同学们学习校本教材“4.2　站厅服务工作内容，4.3　站台服务工作内容”，或通过网络搜集资料，小组合作完成以下学习任务。

情景一

一天，站务员小王在站厅巡查，车站内客流较多，突然听到一个小孩子的哭声，小王上前询问，发现小孩与家长走散，小王在找寻未果的情况下，通过车站广播进行寻人。

任务：

1. 请以小组为单位根据情景设计剧本，剧本包括：

（1）人物介绍

（2）情景介绍

（3）规范的广播服务流程（对话、动作、场景等说明）

（剧本另附 A4 纸）

2. 进行剧本排练。

情景二

车站处于晚高峰大客流时期，站台上人潮拥挤，多数乘客聚集在站台的中部候车，列车稍有延误，车还未到站，乘客们已经迫不及待涌向屏蔽门，车门打开还没等车上乘客下车，站台上的乘客已经准备冲了上去，几秒钟时间，列车已经完全满负荷，车站上仍有部分乘客上不了车。

任务：

1. 请以小组为单位根据情景设计剧本，剧本包括：

（1）人物介绍。

（2）情景介绍。

（3）规范的广播服务流程（对话、动作、场景等说明）。

（剧本另附 A4 纸）

2. 进行剧本排练。

三、任务实施

1. 按顺序小组合作展示成果，以角色扮演的方式情景模拟乘客候车服务。

2. 展示结束上交纸质剧本。

3. 各位同学在观摩其他小组展示的过程中，请及时记录其可圈可点之处及有待改进的地方，以备评价之用。

四、考核与评价

1. 学习评价表

评价项目	评价标准	评价等级与分值	成绩
工作页填写（25 分）	1. 字迹清楚 2. 专业知识运用正确 3. 表达完整	1. 做得很好（23～25 分） 2. 基本做到（13～22 分） 3. 尚未做到（12 分及以下）	
情景模拟设计（剧本）（25 分）	1. 情景设计合理 2. 剧情、人物等介绍清楚 3. 对白符合岗位服务语言	1. 做得很好（23～25 分） 2. 基本做到（13～22 分） 3. 尚未做到（12 分及以下）	
广播语言设计（35 分）	1. 规范标准，能使用文明用语 2. 符合广播服务基本要求 3. 能配合具体情况设计广播用语	1. 做得很好（32～35 分） 2. 基本做到（21～31 分） 3. 尚未做到（20 分及以下）	
课堂纪律与团队合作（15 分）	1. 小组成员团结协作，能全部参与活动 2. 不大声喧哗，不做与学习无关的事情	1. 做得很好（13～15 分） 2. 基本做到（10～12 分） 3. 尚未做到（9 分及以下）	
总分			

2. 根据学习评价表评价标准，各小组代表对本组情景模拟的展示过程进行自我评价。
取得成绩：

不足之处：

3. 请各小组根据学习评价表的评价标准进行小组互评。
取得成绩：

不足之处：

4. 请记录老师对各组的评价，并对照自己的表现提高自己。

五、总结与拓展

（一）请同学们完成以下情况的广播服务并进行模拟。

1. 广播寻人广播语

2. 站台客流组织时的广播服务

（1）站台中部候车乘客过多，两端较少时的广播语：

（2）列车即将进站，乘客们开始骚动向屏蔽门拥挤时的广播语：

（3）列车门打开，乘客上下车时的广播用语：

（4）车门即将关闭时的广播用语：

（5）列车稍有延误时的广播语：

（二）同学们谈谈如何才能做好广播服务。

学习领域	学习情境 乘客日常服务	姓名：	班级：
乘客服务	学习任务 特殊乘客服务	学号：	组号：

【学习目标】

1. 能够掌握特殊乘客的心理并给予针对性的服务。
2. 掌握特殊乘客服务方法。
3. 能够针对不同乘客的特点进行乘客服务。

【学习内容】

1. 对老人和小孩进行乘客服务。
2. 对身体不适的乘客进行服务。
3. 对残疾乘客进行服务。

一、学习准备

请同学们学习校本教材“4.2 站厅服务工作内容，4.3 站台服务工作内容”，独立完成以下问题：

1. 特殊乘客是指什么乘客？

2. 在进行特殊乘客服务时应注意什么？

二、明确任务，制订实施计划

请同学们学习校本教材“4.2　站厅服务工作内容，4.3　站台服务工作内容”，或通过网络搜集资料，小组合作完成以下学习任务。

情景一

一天，站务员小王在站厅巡查，车站内客流较多，突然他看到有一位白发苍苍的老人牵着一个小孩，由于走得较慢，受到快速移动的人潮的碰撞，站务员小王见状急忙上前服务。

任务：

1. 请以小组为单位根据情景设计剧本，剧本包括：

（1）人物介绍。

（2）情景介绍。

（3）规范的特殊乘客（老人和小孩）服务过程（对话、动作、场景等说明）。

（剧本另附 A4 纸）

2. 进行剧本排练。

情景二

车站外一位乘坐轮椅的乘客在站外徘徊，有好心乘客帮忙找来了站务员。

任务：

1. 请以小组为单位根据情景设计剧本，剧本包括：

（1）人物介绍。

（2）情景介绍。

（3）规范的特殊乘客（残疾乘客）服务过程（对话、动作、场景等说明）。

（剧本另附 A4 纸）

3.　进行剧本排练。

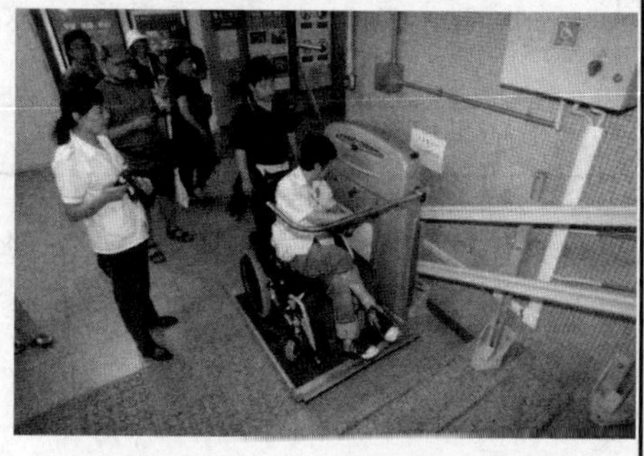

三、任务实施

1. 按顺序小组合作展示成果，以角色扮演的方式情景模拟特殊乘客服务过程。

2. 展示结束上交纸质剧本。

3. 各位同学在观摩其他小组展示的过程中，请及时记录其可圈可点之处及有待改进的地方，以备评价之用。

四、考核与评价

1. 学习评价表

评价项目	评价标准	评价等级与分值	成绩
工作页填写 （25分）	1. 字迹清楚 2. 专业知识运用正确 3. 表达完整	1. 做得很好（23～25分） 2. 基本做到（13～22分） 3. 尚未做到（12分及以下）	
情景模拟设计 （剧本） （25分）	1. 情景设计合理 2. 剧情、人物等介绍清楚 3. 对白符合岗位服务语言	1. 做得很好（23～25分） 2. 基本做到（13～22分） 3. 尚未做到（12分及以下）	
角色表演过程 （35分）	1. 生动再现实际服务情景 2. 正确运用专业知识和技能： 1）仪容仪表 2）服务用语 3）服务形体（站姿、坐姿、手势、目光、微笑、点头） 3. 特殊乘客服务流程规范	1. 做得很好（32～35分） 2. 基本做到（21～31分） 3. 尚未做到（20分及以下）	
课堂纪律与 团队合作 （15分）	1. 小组成员团结协作，能全部参与活动 2. 不大声喧哗，不做与学习无关的事情	1. 做得很好（13～15分） 2. 基本做到（10～12分） 3. 尚未做到（9分及以下）	
总分			

2. 根据学习评价表评价标准，各小组代表对本组情景模拟的展示过程进行自我评价。

取得成绩：

不足之处：

3. 请各小组根据学习评价表的评价标准进行小组互评。

取得成绩：

不足之处：

4. 请记录老师对各组的评价，并对照自己的表现提高自己。

五、总结与拓展

（一）请同学们完成以下情况的乘客服务并进行模拟。

1. 老年人的乘客服务要点。

2. 儿童的乘客服务要点。

3. 身体不适的乘客服务要点。

（二）同学们谈谈如何特殊乘客的服务，如何给予有针对性的服务。

<table>
<tr><td rowspan="2">学习领域
乘客服务</td><td rowspan="2">学习情境
乘客日常服务
学习任务
协助寻人寻物服务</td><td>姓名：</td><td>班级：</td></tr>
<tr><td>学号：</td><td>组号：</td></tr>
</table>

【学习目标】

1. 能够掌握帮助乘客寻人服务。
2. 掌握协助乘客寻物服务。

【学习内容】

1. 当乘客走失走散时的服务。
2. 当乘客物品丢失时的服务。

一、学习准备

请同学们学习校本教材“4.2 站厅服务工作内容，4.3 站台服务工作内容”，独立完成以下问题：

在进行协助乘客寻人寻物时，应注意哪些方面？

二、明确任务，制订实施计划

请同学们学习校本教材“4.2 站厅服务工作内容，4.3 站台服务工作内容”，或通过网络搜集资料，小组合作完成以下学习任务。

情景一

一天，站务员小王在站厅巡查，车站内客流较多，一位焦急的女士快步走上前来，经过交流和询问，发现该女士与自己的5岁小孩走散，站务员了解了基本情况后，在站厅站台帮忙搜寻，未果，通过车站广播进行寻人，一段时间仍未有消息，站务员上报值班站长，在征求乘客同意后，通知车站公安部门寻找。

任务：

1. 请以小组为单位根据情景设计剧本，剧本包括：

（1）人物介绍。

（2）情景介绍。

（3）规范的协助寻人流程（对话、动作、场景等说明）。

（剧本另附A4纸）

2. 进行剧本排练。

情景二

乘客遗失了贵重物品非常焦急，站务员帮忙找寻。

任务：

1. 请以小组为单位根据情景设计剧本，剧本包括：

（1）人物介绍。

（2）情景介绍。

（3）规范的协助寻物流程（对话、动作、场景等说明）。

（剧本另附 A4 纸）

2. 进行剧本排练。

三、任务实施

1. 按顺序小组合作展示成果，以角色扮演的方式情景模拟乘客问询引导服务。

2. 展示结束上交纸质剧本。

3. 各位同学在观摩其他小组展示的过程中，请及时记录其可圈可点之处及有待改进的地方，以备评价之用。

四、考核与评价

1. 学习评价表

评价项目	评价标准	评价等级与分值	成绩
工作页填写 （25 分）	1. 字迹清楚 2. 专业知识运用正确 3. 表达完整	1. 做得很好（23~25 分） 2. 基本做到（13~22 分） 3. 尚未做到（12 分及以下）	
情景模拟设计 （剧本） （25 分）	1. 情景设计合理 2. 剧情、人物等介绍清楚 3. 对白符合岗位服务语言	1. 做得很好（23~25 分） 2. 基本做到（13~22 分） 3. 尚未做到（12 分及以下）	
角色表演过程 （35 分）	1. 生动再现实际服务情景 2. 正确运用专业知识和技能： 1）仪容仪表 2）服务用语 3）服务形体（站姿、坐姿、手势、目光、微笑、点头） 3. 协助乘客寻人寻物的服务流程规范	1. 做得很好（32~35 分） 2. 基本做到（21~31 分） 3. 尚未做到（20 分及以下）	
课堂纪律与 团队合作 （15 分）	1. 小组成员团结协作，能全部参与活动 2. 不大声喧哗，不做与学习无关的事情	1. 做得很好（13~15 分） 2. 基本做到（10~12 分） 3. 尚未做到（9 分及以下）	
总分			

2. 根据学习评价表评价标准，各小组代表对本组情景模拟的展示过程进行自我评价。
取得成绩：

不足之处：

3. 请各小组根据学习评价表的评价标准进行小组互评。
取得成绩：

不足之处：

4. 请记录老师对各组的评价，并对照自己的表现提高自己。

五、总结与拓展

（一）请同学们完成以下情况的乘客服务并进行模拟。

1. 当接到乘客反映遗失物品时的服务。

2. 当乘客捡拾到其他乘客遗失的物品并上交时。

3. 当有乘客走失时。

4. 乘客遗失物品的存放与保管的要求。

（二）同学们谈谈如何更好地协助乘客寻人寻物。

学习领域	学习情境 乘客安全与应急服务	姓名：	班级：
乘客服务	学习任务 乘客受伤处理	学号：	组号：

【学习目标】

1. 能够掌握客伤处理注意事项与基本流程。
2. 掌握不同原因客伤的处理技巧。

【学习内容】

1. 客伤处理的注意事项和流程。
2. 针对不同的对象采用不同的处理方法。

一、学习准备

请同学们学习校本教材“4.3　乘客安全与应急服务，4.4　乘坐地铁安全事项”，独立完成以下问题：

1. 什么是地铁客伤事件，主要包括哪些方面？

2. 乘客安全服务工作的重点是什么？

二、明确任务，制定实施计划

请同学们学习校本教材“4.4　乘客安全与应急服务，4.5　乘坐地铁安全事项”，或通过网络搜集资料，小组合作完成以下学习任务。

情景一

某车站下行列车停靠站台，一名 80 多岁的老人在下车过程中被正在关闭的车门碰撞摔倒在站台上（列车司机是按照正常程序和时间间隔进行开、关门作业，老人由于个人原因未能及时下车，导致被车门碰撞而摔倒）。当时，有两位乘客将老人背到座椅处后就乘上行列车离开，站务员接司机通知后赶过来并报车控室处理。车站通知附近医院医院，医生到站后用担架抬走老人。

任务：

1. 请以小组为单位根据情景设计剧本，剧本包括：

（1）人物介绍。

（2）情景介绍。

（3）规范的客伤处理流程（对话、动作、场景等说明），请注意非地铁责任的客伤处理技巧和要点。

（剧本另附 A4 纸）

2. 进行剧本排练。

情景二

车站内付费区内，一名年轻女乘客不慎踩入中部扶梯盖板中间的不锈钢板，造成左右膝盖擦伤，左脚踝红肿。（扶梯盖板的不锈钢板松动，车站的维修人员在日常维护时没有及时修理。站务人员在巡检时未留意扶梯设备存在的安全隐患。）

任务：

1. 请以小组为单位根据情景设计剧本，剧本包括：

（1）人物介绍。

（2）情景介绍。

（3）规范的客伤处理流程（对话、动作、场景等说明），请注意因地铁自身原因造成客伤事件的处理办法和技巧。

（剧本另附 A4 纸）

2. 进行剧本排练。

三、任务实施

1. 按顺序小组合作展示成果，以角色扮演的方式情景模拟乘客问询引导服务。

2. 展示结束上交纸质剧本。

3. 各位同学在观摩其他小组展示的过程中，请及时记录其可圈可点之处及有待改进的地方，以备评价之用。

四、考核与评价

1. 学习评价表

评价项目	评价标准	评价等级与分值	成绩
工作页填写（25分）	1. 字迹清楚 2. 专业知识运用正确 3. 表达完整	1. 做得很好（23～25分） 2. 基本做到（13～22分） 3. 尚未做到（12分及以下）	
情景模拟设计（剧本）（25分）	1. 情景设计合理 2. 剧情、人物等介绍清楚 3. 对白符合岗位服务语言	1. 做得很好（23～25分） 2. 基本做到（13～22分） 3. 尚未做到（12分及以下）	
角色表演过程（35分）	1. 生动再现实际服务情景 2. 正确运用专业知识和技能： 1）仪容仪表 2）服务用语 3）服务形体（站姿、坐姿、手势、目光、微笑、点头） 3. 客伤处理的流程规范	1. 做得很好（32～35分） 2. 基本做到（21～31分） 3. 尚未做到（20分及以下）	
课堂纪律与团队合作（15分）	1. 小组成员团结协作，能全部参与活动 2. 不大声喧哗，不做与学习无关的事情	1. 做得很好（13～15分） 2. 基本做到（10～12分） 3. 尚未做到（9分及以下）	
总分			

2. 根据学习评价表评价标准，各小组代表对本组情景模拟的展示过程进行自我评价。

取得成绩：

不足之处：

3. 请各小组根据学习评价表的评价标准进行小组互评。

取得成绩：

不足之处：

4. 请记录老师对各组的评价，并对照自己的表现提高自己。

五、总结与拓展

（一）请同学们完成车站发生客伤事件时处理的注意事项和针对不同对象的处理方法。

1. 对受伤乘客本人的处理。

2. 对目击证人的挽留与信息留存处理。

3. 对围观乘客和现场的处理。

（二）据地铁工作人员介绍，乘客因醉酒、低血糖或高血压等晕倒在地铁车站或列车的情况时有发生。下面请同学们搜集资料谈谈乘客突发疾病的正确处理。

1. 乘客因低血糖晕倒的处理。

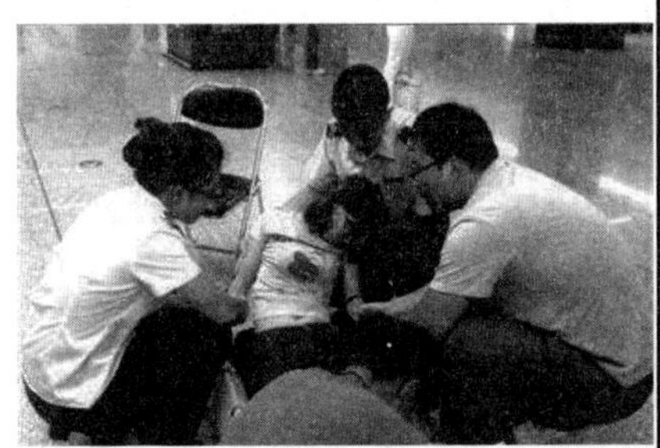

2. 疑似突发心脏病乘客晕倒的处理。

3. 疑似突发心脏病乘客晕倒的处理。

4. 癫痫患者发病的处理。

学习领域	学习情境 乘客安全与应急服务	姓名：	班级：
乘客服务	学习任务 乘客纠纷、盗抢事件处理	学号：	组号：

【学习目标】

1. 能够掌握乘客纠纷事件的注意事项与基本流程。
2. 掌握盗抢事件的处理技巧。

【学习内容】

1. 乘客纠纷事件的注意事项与基本流程。
2. 盗抢事件的处理流程。

一、学习准备

请同学们学习校本教材“4.4　乘客安全与应急服务，4.5　乘坐地铁安全事项”，或通过网络搜集资料，独立完成以下问题：

1. 请搜集资料谈谈城市轨道交通运输过程有哪些乘客纠纷事件？

2. 发生乘客纠纷时，如何处置比较合适？

二、明确任务，制订实施计划

请同学们学习校本教材“4.4 乘客安全与应急服务，4.5 乘坐地铁安全事项”，或通过网络搜集资料，小组合作完成以下学习任务。

情景一

两名男子因为一点小矛盾在地铁站内发生了抓扯，其中一名男子为了将对方从车厢中拉出来，竟然挡在了地铁车门中间，企图不让地铁起动。这一番折腾下来，造成地铁暂停营运三分钟左右，整车乘客的时间也因此被耽误，其中一名乘客受伤严重。

任务：

1. 分析乘客纠纷原因。

2. 请思考，此种情况下地铁是否负有主要责任？

3. 请思考，对于较为严重的乘客纠纷还可以联合哪些部门进行处理？

4. 请以小组为单位根据案例情景设计剧本，剧本包括：

（1）人物介绍。

（2）情景介绍。

（3）规范的乘客纠纷处理过程（对话、动作、场景等说明）。

（剧本另附 A4 纸）

5. 进行剧本排练。

情景二

一位年轻女乘客在地铁出口通道被抢劫，左手手腕和右手虎口处被犯罪分子砍伤，所带财产被抢走。站务人员拨打电话 110、120，并通知家属将其送往医院救治。

任务：

1. 请以小组为单位根据案例情景设计剧本，剧本包括：

（1）人物介绍。

（2）情景介绍。

（3）规范的盗抢事件处理流程（对话、动作、场景等说明）。

（剧本另附 A4 纸）

2. 进行剧本排练。

三、任务实施

1. 按顺序小组合作展示成果，以角色扮演的方式情景模拟乘客纠纷处理，地铁车站发生盗抢事件的处理。

2. 展示结束上交纸质剧本。

3. 各位同学在观摩其他小组展示的过程中，请及时记录其可圈可点之处及有待改进的地方，以备评价之用。

四、考核与评价

1. 学习评价表

评价项目	评价标准	评价等级与分值	成绩
工作页填写 （25分）	1. 字迹清楚 2. 专业知识运用正确 3. 表达完整	1. 做得很好（23～25分） 2. 基本做到（13～22分） 3. 尚未做到（12分及以下）	
情景模拟设计 （剧本） （25分）	1. 情景设计合理 2. 剧情、人物等介绍清楚 3. 对白符合岗位服务语言	1. 做得很好（23～25分） 2. 基本做到（13～22分） 3. 尚未做到（12分及以下）	
角色表演过程 （35分）	1. 生动再现实际服务情景 2. 正确运用专业知识和技能： 1）仪容仪表 2）服务用语 3）服务形体（站姿、坐姿、手势、目光、微笑、点头） 3. 纠纷和盗抢事件的服务流程规范	1. 做得很好（32～35分） 2. 基本做到（21～31分） 3. 尚未做到（20分及以下）	
课堂纪律与团队合作 （15分）	1. 小组成员团结协作，能全部参与活动 2. 不大声喧哗，不做与学习无关的事情	1. 做得很好（13～15分） 2. 基本做到（10～12分） 3. 尚未做到（9分及以下）	
总分			

2. 根据学习评价表评价标准，各小组代表对本组情景模拟的展示过程进行自我评价。

取得成绩：

不足之处：

3. 请各小组根据学习评价表的评价标准进行小组互评。

取得成绩：

不足之处：

4. 请记录老师对各组的评价，并对照自己的表现提高自己。

五、总结与拓展

（一）请同学们完成车站发生乘客纠纷时处理的注意事项和针对不同对象的处理方法。

1. 发生乘客间纠纷的处理。

2. 发生乘客被盗抢事件的处理。

学习领域 乘客服务	学习情境 乘客安全与应急服务 学习任务 紧急情况下的乘客服务	姓名：	班级：
		学号：	组号：

【学习目标】

1. 能够掌握物品掉轨、乘客坠轨紧急情况下的乘客服务注意事项与基本流程。
2. 能够掌握车站火灾或停电等突发事件的紧急情况下的乘客服务注意事项与基本流程。
3. 能够掌握接触网（轨）异物处理的紧急情况下的乘客服务注意事项与基本流程。
4. 能够掌握乘客突发疾病的紧急处理及乘客服务注意事项与基本流程。
5. 掌握紧急情况下的乘客服务的处理技巧。

【学习内容】

1. 迅速处理火灾爆炸、毒气泄露、车站停电事件等情况，组织乘客自救、互救和逃生。
2. 快速处理不明气体袭击事件。
3. 乘客物品掉落轨道的处理办法和服务。
4. 车内乘客报警按钮被触发的处理和服务。

一、学习准备

请同学们学习校本教材“4.3　乘客安全与应急服务，4.4　乘坐地铁安全事项”，独立完成以下问题：

1. 请列出城市轨道交通可能发生的紧急情况。

2. 请写出物品掉轨的处理过程。

3. 请写出乘客坠轨的应急处理程序。

4. 请写出可疑物品的处理过程。

5. 如有人员擅入轨行区，该如何处置？

6. 如遇车站停电，该如何正确处理，以保证乘客的生命财产安全？

7. 轨道交通接触网（轨）如有异物，应如何正确处理？

8. 如遇火灾、爆炸、毒气袭击，如何组织疏散以确保乘客生命财产安全？

二、明确任务，制订实施计划

情景一

广州海珠区鹭江开往珠影的地铁 8 号线上一列列车冒烟起火后非正常停车，引起车内乘客恐慌。随后，地铁车门被强制打开，数百名乘客在漆黑轨道边摸索逃生。因事发紧急，乘客蜂拥逃生过程中，至少 3 名乘客摔倒受伤送院。

请小组思考下列问题。

1. 列车失火发生时，站务人员应该怎么行动。

2. 案例中出现了哪些问题？

3. 根据案例内容进行列车失火情景模拟展示。

（1）人物介绍。

（2）情景介绍。

（3）失火情况下站务员如何服务（对话、动作、场景等说明）（剧本另附 A4 纸）？

4. 剧本排练。

5. 请写出列车失火处理办法和技巧。

情景二

2014 年 3 月 4 日，广州地铁 5 号线两男喷射刺激性气体导致地铁乘客恐慌，发生踩踏事故，致 11 人受伤。

1. 请以小组为单位根据上述案例自行设计当发生不明气体袭击时的处理过程，剧本包括：

（1）人物介绍。

（2）情景介绍。

（3）不明气体袭击时的处理（对话、动作、场景等说明）（剧本另附 A4 纸）。

2. 剧本排练。

3. 请写出不明气体的处理办法和技巧。

情景三

一天，站务员小王在高架站台巡查，车站内客流较多，突然一位乘客大声呼喊，小王上前询问，得知由于站台太过于拥挤，该乘客不慎将手中物品掉入轨道，并且高于轨道。此时列车还未发动，站务员立刻按下紧急停车按钮，并进行处理。

1. 请以小组为单位根据情景自行设计剧本并模拟情景过程，剧本包括：

（1）人物介绍。

（2）情景介绍。

（3）乘客物品掉落处理流程（对话、动作、场景等说明）。

（剧本另附 A4 纸）

2. 剧本排练。

3. 请写出乘客物品掉落轨道的处理方法和技巧。

情景四

停在站台尚未启动时，突然车内乘客报警按钮被触发。

1. 请以小组为单位根据情景自行设计剧本模拟此情景服务过程，剧本包括：

（1）人物介绍。

（2）情景介绍。

（3）车内乘客报警按钮触发处理流程（对话、动作、场景等说明）。

（剧本另附 A4 纸）

2. 剧本排练。

3. 请写出车内报警按钮触发处理方法和技巧。

三、任务实施

1. 学生按组角色扮演展示成果，并上交纸质剧本。

2. 每组成员回答老师和同学的提问。

3. 小组互评：其他组同学指出展示组错误之处及可改善内容，或者指出其可圈可点之处。

4. 教师点评，学生做记录。

四、考核与评价

1. 请认真了解学习评价表内容。

评价项目	评价标准	评价等级与分值	成绩
工作页填写（25分）	1. 字迹清楚 2. 专业知识运用正确 3. 表达完整	1. 做得很好（23～25分） 2. 基本做到（13～22分） 3. 尚未做到（12分及以下）	
情景模拟设计（剧本）（25分）	1. 情景设计合理 2. 剧情、人物等介绍清楚 3. 对白符合岗位服务语言	1. 做得很好（23～25分） 2. 基本做到（13～22分） 3. 尚未做到（12分及以下）	
角色表演过程（35分）	1. 生动再现实际服务情景 2. 正确运用专业知识和技能： 1）仪容仪表 2）服务用语 3）服务形体（站姿、坐姿、手势、目光、微笑、点头） 3. 紧急情况下乘客服务流程规范	1. 做得很好（32～35分） 2. 基本做到（21～31分） 3. 尚未做到（20分及以下）	
课堂纪律与团队合作（15分）	1. 小组成员团结协作，能全部参与活动 2. 不大声喧哗，不做与学习无关的事情	1. 做得很好（13～15分） 2. 基本做到（10～12分） 3. 尚未做到（9分及以下）	
总分			

2. 根据学习评价表评分标准，小组进行自评、互评，教师对每组进行评分。

五、总结与拓展

当有紧急情况发生时，谈谈如何才能做好服务工作，确保乘客生命财产安全。

<table>
<tr><td rowspan="2">学习领域

乘客服务</td><td rowspan="2">学习情境
乘客投诉处理
学习任务
因乘客自身原因引发的投诉处理</td><td>姓名：</td><td>班级：</td></tr>
<tr><td>学号：</td><td>组号：</td></tr>
</table>

【学习目标】

1. 了解乘客投诉的原因及产生过程。
2. 掌握车站乘客投诉处理的基本原则。
3. 掌握乘客投诉处理的基本步骤。
4. 掌握乘客投诉处理的技巧。
5. 能有效进行因乘客自身原因引发的投诉处理。
6. 针对投诉原因提出有效的整改措施或建议，避免和减少乘客投诉。

【学习内容】

1. 乘客投诉的原因及产生过程。
2. 车站乘客投诉处理的基本原则。
3. 乘客投诉处理的基本步骤。
4. 乘客投诉处理的技巧。
5. 能有效进行因乘客自身原因引发的投诉处理。

一、学习准备

学习校本教材“5　乘客投诉处理”内容，独立完成下列问题：

1. 简单介绍乘客投诉含义及分类。

2. 乘客投诉的原因有哪些？

3. 简述乘客投诉产生的过程，请画图说明。

4. 如何看待乘客投诉？

5. 简述乘客投诉处理的流程。(可用图表辅助说明)

6. 简述车站乘客投诉处理的基本原则。

7. 简述乘客投诉处理的基本步骤。

8. 简述乘客投诉处理的技巧。

二、明确任务，制订实施计划

请阅读下面案例，思考后回答问题。

案例一　2005 年 9 月 10 日，2 号线鹭江站 A 端 1 号扶梯处，一位老人从站厅乘扶梯下站台，行至中部老人突然向后跌倒撞到扶梯台阶上，脑后部流血。车站工作人员发现后立即进行简单急救并拨打 120，随后通知其家属赶到车站，车站派人陪同家属一起送伤者到新海医院救治。车站找到事发当时位于老人前后的两名目击证人，并留下证词。事后当事人家属以扶梯当时运行异常，安全警示标识不足为由向地铁方提出承担受伤老人的医药费等赔偿要求，并投诉。

1. 投诉原因分析。

2. 投诉处理技巧。

3. 改善措施与建议。

案例二　2005 年 × 月 × 日上行列车 0422 次到达站台停稳开门后，上行侧式站台护卫 × × 报告，有一位老年乘客在第三节车厢晕倒、无知觉，有多名乘客将其抬出车厢，现平放在侧式站台中部。车站接到报告后站长和值班站长立即将该名老人抬上担架并抬到 1 站台变电所前的通道上，站长将现场的情况向车控室报告，值班站长和值班员分别寻找了 2 名目击证人并写下证词。车站拨打 120 急救电话并报地铁公安，车站报行调、分部值班领导并转报部、总部值班领导。120（广东省中医院）到达车站并对晕倒乘客进行抢救，医护人员证实该名老人已死亡并开出了诊断证明书。地铁分局治安大队公安到达车站后开出了死亡证明。殡仪馆人员将尸体运走，车站立即安排人员进行消毒和清洁。事情发生后老人家属向车站提出要求赔偿精神损失费及老人丧葬费用。

1. 此案例中出现纠纷的原因。

2. 处理投诉的原则。

3. 对此类问题的处理技巧。

三、任务实施

1. 学生阅读案例，独立思考问题。

2. 小组讨论，分析案例，完成工作页。

3. 角色扮演，模拟乘客投诉案例的正确处理过程，以减少乘客投诉。

4. 教师点评，学生做记录。

四、考核与评价

1. 学习评价表

评价项目	评价标准	评价等级与分值
工作页填写 （25 分）	1. 字迹清楚 2. 专业知识运用正确 3. 表达完整	1. 做得很好（23～25 分） 2. 基本做到（13～22 分） 3. 尚未做到（12 分及以下）
案例分析过程 （25 分）	1. 利用教材、网络、参考书搜集案例相关信息 2. 分析思路清晰，能结合所学知识 3. 分析记录正确、简洁明了	1. 做得很好（23～25 分） 2. 基本做到（13～22 分） 3. 尚未做到（12 分及以下）
分析结果展示 （35 分）	1. 正确分析乘客投诉原因 2. 恰当运用乘客投诉处理技巧 3. 提出有效改善措施与建议 4. 展示过程大方自然，过程流畅	1. 做得很好（32～35 分） 2. 基本做到（21～31 分） 3. 尚未做到（20 分及以下）
课堂纪律 （15 分）	1. 小组成员团结协作，能全部参与活动 2. 不大声喧哗，不做与学习无关的事情	1. 做得很好（13～15 分） 2. 基本做到（10～12 分） 3. 尚未做到（9 分及以下）
总分		

2. 根据学习评价表评价标准，各小组代表对本组情景模拟的展示过程进行自我评价。

取得成绩：

不足之处：

3. 请各小组根据学习评价表的评价标准进行小组互评。

取得成绩：

不足之处：

4. 请记录老师对各组的评价，并对照自己的表现提高自己。

五、总结与拓展

请同学们写出乘客投诉处理的基本要点：

1. 因乘客自身原因产生的投诉。

2. 协商解决乘客投诉的具体要点。

<table>
<tr><td>学习领域</td><td rowspan="2">学习情境
乘客投诉处理
学习任务
因运营企业原因引发的投诉处理</td><td>姓名：</td><td>班级：</td></tr>
<tr><td>乘客服务</td><td>学号：</td><td>组号：</td></tr>
</table>

【学习目标】

1. 了解乘客投诉的原因及产生过程。
2. 掌握车站乘客投诉处理的基本原则。
3. 掌握乘客投诉处理的基本步骤。
4. 掌握乘客投诉处理的技巧。
5. 能有效进行因运营企业原因引发的投诉处理。
6. 针对投诉原因提出有效的整改措施或建议，避免和减少乘客投诉。

【学习内容】

1. 乘客投诉的原因及产生过程。
2. 车站乘客投诉处理的基本原则。
3. 乘客投诉处理的基本步骤。
4. 乘客投诉处理的技巧。
5. 能有效进行因运营企业原因引发的投诉处理。
6. 针对投诉原因提出有效的整改措施或建议。

一、学习准备

学习校本教材“2.2　乘客心理与服务”内容，独立完成下列问题：

1. 作为一名城市轨道交通乘客服务人员，需要了解乘客哪些心理需要才能为乘客提供优质服务？

2. 为什么处理投诉时应该先处理情绪再处理具体事情？

二、明确任务，制订实施计划

案例分析

案例一（工作失误引发的投诉处理）

2010 年 1 月，有两位乘客持同一张公交一卡通进站，当一名乘客刷卡进站后，把一卡通给了同行的人，另外一名乘客无法刷卡进站，因客流量较多，该站票务员没有问清原因，直接对一卡通进行了进站更新，另外一名乘客也顺利进站，但出站时被站务员发现，要求补票。乘客不满意，认为已经刷过两次并扣完钱了，坚持不肯补票，站务员则主观臆断他们违规使用车票，故意逃票，发生争执。请分析：

1. 投诉原因分析。

2. 投诉处理技巧。

3. 改善措施与建议。

案例二（售票员不规范作业引起的投诉处理）

2010 年 2 月，有一名乘客来到乘客服务中心，认为大概半小时以前售票员少找给他五十元钱，售票员在听取情况后，个人认为不会少找钱给乘客，直接就和乘客说："我都售票这么长时间了，不可能出现少找给您钱的情况。"乘客很激动，开始指责售票员，并要求找值班站长投诉……，请分析：

1. 投诉原因分析。

2. 投诉处理技巧。

3. 改善措施与建议。

案例三（服务不当引发的投诉处理）

某日客流高峰期，乘客非常多，车门即将关闭的提示音已经响起，一位乘客企图冲上车，被一位站务员拦住了（因为站务员觉得很危险，拽了这个乘客一下，可能是弄痛了乘客）这位乘客非常气愤，直接就骂了句粗话，说："你以为你是谁啊，你凭什么拉我，弄伤了你负责吗……"站务员态度也不是很好："你没看见车门关上了呀，……"两个人争吵了起来……，请分析：

1. 投诉原因分析。

2. 投诉处理技巧。

3. 改善措施与建议。

案例四（未做到首问负责制而引发的投诉）

2004 年 6 月，乘客乘坐城市轨道交通至××站下车后，向司机反映车厢内有私人贩卖报纸，司机却说“我们又没办法”，引起乘客不满投诉。请分析：

1. 投诉原因分析。

2. 投诉处理技巧。

3. 改善措施与建议。

案例五（处理不灵活引起的投诉）

2003 年 3 月 10 日，乘客反映在 × ×站出站，因携带两个大的箱子，抬下楼梯不便，于是询问服务员：“可否将二楼到一楼的电梯向下开？”站务员回答:“不行的，我们有规定，我也没办法。”乘客不得不从楼梯上搬下去，站务员笑着看着他。请分析：

1. 投诉原因分析。

2. 投诉处理技巧。

3. 改善措施与建议。

案例六（未做好特殊乘客的情感服务引发的投诉处理）

一名外地盲人乘客坐火车到上海后，其亲戚因故没能来接她。乘客在列车员的护送下来到城市轨道交通车站，向车站的服务员说明情况，表示只要服务员将她送上城市轨道交通列车就可以。但服务员表示“我们没这个义务”，拒绝了她的要求。请分析：

1. 投诉原因分析。

2. 投诉处理技巧。

3. 改善措施与建议。

三、任务实施

1. 学生阅读案例，独立思考问题。

2. 小组讨论，分析案例，完成工作页。

3. 角色扮演，模拟乘客投诉案例的正确处理过程。

4. 教师点评，学生做记录。

四、考核与评价

1.. 学习评价表

评价项目	评价标准	评价等级与分值
工作页填写 （25 分）	1. 字迹清楚 2. 专业知识运用正确 3. 表达完整	1. 做得很好（23～25 分） 2. 基本做到（13～22 分） 3. 尚未做到（12 分及以下）
案例分析过程 （25 分）	1. 利用教材、网络、参考书搜集案例相关信息 2. 分析思路清晰，能结合所学知识 3. 分析记录正确、简洁明了	1. 做得很好（23～25 分） 2. 基本做到（13～22 分） 3. 尚未做到（12 分及以下）
分析结果展示 （35 分）	1. 正确分析乘客投诉原因 2. 恰当运用乘客投诉处理技巧 3. 提出有效改善措施与建议 4. 展示过程大方自然，过程流畅	1. 做得很好（32～35 分） 2. 基本做到（21～31 分） 3. 尚未做到（20 分及以下）
课堂纪律 （15 分）	1. 小组成员团结协作，能全部参与活动 2. 不大声喧哗，不做与学习无关的事情	1. 做得很好（13～1 5 分） 2. 基本做到（10～12 分） 3. 尚未做到（9 分及以下）
总分		

2. 根据学习评价表评价标准，各小组代表对本组情景模拟的展示过程进行自我评价。取得成绩：

不足之处：

3. 请各小组根据学习评价表的评价标准进行小组互评。

取得成绩：

不足之处：

4. 请记录老师对各组的评价，并对照自己的表现提高自己。

五、总结与拓展

请同学们写出乘客投诉处理的相关内容：

1. 乘客投诉处理的原则。

2. 乘客投诉处理的基本步骤。

3. 在受到乘客的误解时，应怎么处理？

<table>
<tr><td rowspan="2">学习领域

乘客服务</td><td rowspan="2">学习情境
乘客投诉处理
学习任务
乘客服务人员的心理修养</td><td>姓名：</td><td>班级：</td></tr>
<tr><td>学号：</td><td>组号：</td></tr>
</table>

【学习目标】

1. 认识不良情绪对人身心健康的影响。
2. 乘客服务人员学会情绪自我调节，保持身心健康。

【学习内容】

1. 认识不良情绪对人身心健康的影响。
2. 掌握情绪自我调节的方法，保持身心健康。

一、学习准备

请同学们学习校本教材“2乘客服务心理”，独立完成以下问题：

1. 何谓情绪？举例说明。

2. 良好情绪对人的影响有哪些？

3. 不良情绪对人的影响有哪些？

二、明确任务，制定实施计划

案例分析

请同学们扫码观看视频，思考后回答问题：

1. 视频中的乘客因何发怒骂人，合情合理吗？

2. 乘客情绪处于何种状态？乘客服务人员该怎么处理才合适？请写下来。

3. 乘客的行为可能会给服务人员带来什么影响？

4. 请思考：乘客服务人员如何保持身心愉悦，快乐工作？

三、任务实施

1. 学生阅读案例独立思考。
2. 进行小组讨论，写出案例分析的结果。
3. 展示答案，并进行小组间的评价。
4. 教师点评，学生做记录。

四、考核与评价

1. 学习评价表

评价项目	评价标准	评价等级与分值
工作页填写（25分）	1. 字迹清楚 2. 专业知识运用正确 3. 表达完整	1. 做得很好（23～25分） 2. 基本做到（13～22分） 3. 尚未做到（12分及以下）
案例分析过程（25分）	1. 利用教材、网络、参考书搜集案例相关信息 2. 分析思路清晰，能结合所学知识 3. 分析记录正确、简洁明了	1. 做得很好（23～25分） 2. 基本做到（13～22分） 3. 尚未做到（12分及以下）
分析结果展示（35分）	1. 正确分析乘客投诉原因 2. 恰当运用乘客投诉处理技巧 3. 提出有效改善措施与建议 4. 展示过程大方自然，过程流畅	1. 做得很好（32～35分） 2. 基本做到（21～31分） 3. 尚未做到（20分及以下）
课堂纪律（15分）	1. 小组成员团结协作，能全部参与活动 2. 不大声喧哗，不做与学习无关的事情	1. 做得很好（13～15分） 2. 基本做到（10～12分） 3. 尚未做到（9分及以下）
总分		

五、总结与拓展

1. 简述情绪对人身心健康的影响。

2. 简述情绪调节的方法。

3. 简要分析乘客服务人员的心理修养要求。

4. 如果你是一名乘客服务人员，乘客情绪失控时你应怎么处理?

学习领域 乘客服务	学习情境 学习汇报 学习任务 学习汇报	姓名：	班级：
		学号：	组号：

【学习目标】

1. 学习撰写学习报告。
2. 学会进行学习报告。

【学习内容】

1. 学习报告的撰写。
2. 报告展示。

一、明确任务，制订实施计划

同学们，“乘客服务”课程内容的学习到此结束。不知大家学得怎么样？

现在我们以学习报告的形式对自己的学习情况进行一次学期总结，并到讲台展示。报告时可借助 PPT、作品、视频，时间为 5 分钟，报告结束时请上交一份纸质学习报告。

报告内容包括：

（1）课程名称。

（2）参与什么学习任务。

（3）学会什么。

（4）能完成的任务。

（5）自己比较满意的事情。

（6）哪些方面有待提高。

学习报告评分表

学习小组		小组成员	
评价项目	评价标准		评价等级与分值
报告撰写 （20 分）	1. 语句完整 2. 逻辑性强 3. 字迹清楚		1. 做得很好（18～20 分） 2. 基本做到（13～17 分） 3. 尚未做到（12 分及以下）
展示过程 （45 分）	1. 报告内容展示专业知识和技能（服务意识、服务形体、服务语言、服务技巧、服务流程） 2. 学习过程记录全面（剧本、PPT、视频、照片） 3. 展示过程大方自然，过程流畅 4. 按规定时间完成		1. 做得很好（40～45 分） 2. 基本做到（28～39 分） 3. 尚未做到（27 分及以下）
语言表达 （20 分）	1. 清晰、准确、流畅 2. 脱稿演讲		1. 做得很好（18～20 分） 2. 基本做到（13～17 分） 3. 尚未做到（12 分及以下）
服务形象 （15 分）	1. 仪容仪表仪态符合职业规范 2. 展示过程大方自然，过程流畅		1. 做得很好（13～15 分） 2. 基本做到（10～12 分） 3. 尚未做到（9 分及以下）
总分			

三、任务实施

学习报告